全国职业院校智能网联汽车新形态工作手册式教材
全国技工院校智能网联汽车工学一体化教材

汽车线控底盘装调与检修习题册

主　编　刘　亮

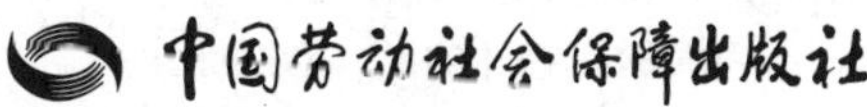

简介

本书是全国职业院校智能网联汽车新形态工作手册式教材 / 全国技工院校智能网联汽车工学一体化教材《汽车线控底盘装调与检修》的配套用书。习题册内容紧扣教材的教学要求，注重基础知识的巩固和基本能力的培养，知识点分布均衡，题型丰富，难易适当，有助于学生复习巩固所学知识。

本书由刘亮任主编，冯凯骏任副主编，王慧、薛烨参与编写。

图书在版编目（CIP）数据

汽车线控底盘装调与检修习题册 / 刘亮主编 . -- 北京：中国劳动社会保障出版社，2024

全国职业院校智能网联汽车新形态工作手册式教材　全国技工院校智能网联汽车工学一体化教材

ISBN 978-7-5167-6367-4

Ⅰ. ①汽…　Ⅱ. ①刘…　Ⅲ. ①汽车 – 线路 – 底盘 – 装配（机械）– 技工学校 – 习题集②汽车 – 线路 – 底盘 – 调整 – 技工学校 – 习题集③汽车 – 线路 – 底盘 – 车辆修理 – 技工学校 – 习题集　Ⅳ. ①U463.1-44②U472.41-44

中国国家版本馆 CIP 数据核字（2024）第 061751 号

中国劳动社会保障出版社出版发行

（北京市惠新东街 1 号　邮政编码：100029）

*

保定市中画美凯印刷有限公司印刷装订　　新华书店经销

787 毫米 × 1092 毫米　16 开本　5.25 印张　81 千字

2024 年 4 月第 1 版　　2024 年 4 月第 1 次印刷

定价：14.00 元

营销中心电话：400-606-6496

出版社网址：http://www.class.com.cn

http://jg.class.com.cn

Contents 目录

情境一
线控驱动系统装调与检修

任务一　线控加速系统踏板装调与检修

一、填空题

1. 智能网联汽车是具备____________、_________和_________等功能，可实现安全、高效、舒适、节能行驶，并最终实现替代人来操作的新一代汽车。

2. 汽车底盘承受来自_________、_________和_________，以及路面的冲击力，通过接收动力系统的输出实现车辆运动。

3. 驾驶员在驾驶车辆时，利用大脑控制四肢，通过_________、加速踏板、_________、____________等装置进行车辆控制。

4. 智能网联汽车线控底盘包含____________、____________、____________和____________四个底盘线控系统。

5. 线控加速系统用于驾驶员驾驶车辆加速行驶及自动驾驶提速，其典型部件包括____________和_________（如驱动电机或电控发动机）等。

6. 线控换挡系统用于车辆行驶时换挡，其典型部件包括______________、____________或____________。

7. 线控底盘一般作为车辆_________、____________等车辆先进驾驶辅助系统（ADAS）的执行系统使用。

8. 纯电动汽车的线控加速系统主要由____________、_________和_________等组成。

9. 在输出方式上，线控加速踏板两路信号的输出电压的关系通常为：第 1 路信号电压是第 2 路信号电压的_________倍左右。

二、选择题

1. 智能网联汽车的英文缩写是（　　）。

A. ICV　　B. VICS　　C. RFID　　D. ITS

2. 汽车线控技术是利用（　　）信号取代底盘操纵部件与执行部件之间的机械连接的车用机电控制技术。

A. 电压　　B. 电流　　C. 电　　D. 相位

3. 线控底盘的底盘控制单元可以接收（　　）的指令，控制执行电机与驾驶员协同工作或者直接单独自动驾驶车辆。

A. 车身控制器　　B. 车身电脑

C. 整车控制器　　D. 底盘控制器

4.（　　）单元位于每个车轮与底盘车架之间，仅通过一个模组就将线控悬架、线控转向执行机构与控制器、线控制动电机、线控驱动电机全部集成为一体。

A. 底盘　　B. 域　　C. 角　　D. 电脑

5. 线控加速系统与线控（　　）系统共同组成线控驱动系统。

A. 制动　　B. 悬架　　C. 转向　　D. 换挡

6. 线控加速踏板又称电子油门踏板，是将驾驶员通过踩踏踏板所表现的加速意图转化为电信号并传输给（　　）系统控制器的装置。

A. 驱动　　B. 加速　　C. 油门　　D. 底盘

7. 线控加速踏板的标准工作电压为（　　）V。

A. 2. 5　　B. 5　　C. 12　　D. 14

8. 踏板踩下过程中，线控加速踏板的输出电压将（　　）。

A. 不变　　B. 减小

C. 增大　　D. 无法确定增大还是减小

9. 线控加速踏板两路信号均正常时，车辆加速依据第（　　）路信号执行。

A. 1 和 2　　B. 1 或 2　　C. 1　　D. 2

三、判断题

1. 底盘是汽车最基本的组成部分之一。（　　）

2. 在线控底盘运行过程中，传感器采集车辆信号，车载计算单元对传感器信号进行运算处理，利用电能驱动执行部件进行车辆操控。（　　）

3. 线控系统可以被理解为“小型机器人”，它通过无线传输信号“听懂”驾驶员的操控命令或车辆发出的指令，智能地驱动执行部件完成相应动作。（　　）

4. 线控转向系统包含线控加速系统和线控换挡系统。（　　）

5. 线控底盘相对于传统底盘具有质量小、易调试、控制精度高、易于实现自动驾驶、布置灵活等优点。（　　）

6. 线控加速踏板可分为地板式和风琴式两大类。（　　）

7. 地板式线控加速踏板安装在车辆前围板上，常用于座舱空间较为紧凑的车型。（　　）

8. 电机控制器为线控加速踏板内部独立的两组感应部件供电和提供接地（搭铁），两组供电和接地端共用。（　　）

四、简答题

1. 智能网联汽车通过线控技术实现了哪些全新的功能？

2. 简述线控转向系统的组成。

3. 简述线控制动系统的组成。

4. 简述滑动底盘的优点。

5. 简述线控加速踏板部件的检查内容和检查步骤。

6. 简述线控底盘的优点。

7. 简述线控底盘的技术难点。

任务二　线控加速系统驱动电机检修与标定

一、填空题

1. 智能网联汽车采用______________、____________、________等动力方式，智能网联汽车纯电动车型使用__________作为动力，用驱动电机将__________转化为机械能，带动车轮转动实现车辆行驶。

2. 在线控加速系统工作过程中，线控加速踏板接收驾驶员的加速意图并将其转化为__________，电机控制器根据______________的转矩需求指令，以电机机械转矩输出值为控制目标，对电机系统实施______________控制，以满足整车的转矩需求。

3. 驱动电机主要由定子水套、________、转子、______________、____________、__________________、冷却接口及交流电连接装置等组成。

4. 电机控制器是控制动力电源与__________之间能量传输的装置，由控制信号接口电路、驱动电机控制电路和__________组成。

5. 电机控制器的功能是根据__________、__________、__________等指令，将动力蓄电池包所存储的直流电转化为驱动电机所需的__________，控制电动车辆的启动运行和__________、爬坡力度等；或帮助电动车辆制动，并将部分制动能量存储到______________中。

6. 电机控制器将动力蓄电池包输出的____________转化为驱动电机所需要的________________，给驱动电机总成绕组通____________后，绕组产生一个旋转的______________。

7. 旋变传感器安装在高压驱动电机上，是一种______________式旋转变压传感器，用于检测高压电机转子的__________、__________和__________，并将相应信号传递给电机控制器模块。

二、选择题

1. IGBT 控制电路板上一般有（　　）个电流传感器。

A. 3　　B. 4　　C. 5 个　　D. 6

2. 电机控制器低压插头电路主要包括电源、接地、CAN 总线和（　　）信号四个部分。

A. ACC 电　　B. 高压互锁

C. 屏蔽线　　D. 以上选项都对

3. 电机控制器一般和（　　）集成为一体。

A. 驱动电机　　B. DC/DC 变换器

C. 整车控制模块　　D. 电池包

4. 旋变传感器的特点不包括（　　）。

A. 可靠性高　　B. 结构简单

C. 占用空间大　　D. 抗干扰能力好

5. 电机控制器有两根工作电源线，其中 BAT 为（　　）。

A. 接地线　　B. 点火开关控制电源

C. 常火线　　D. CAN 总线

三、判断题

1. 电机控制器在工作状态下会产生大量热量。（　　）

2. 驱动电机是直接由电池包供电的。（　　）

3. 旋变传感器安装在高压驱动电机上。（　　）

4. 更换驱动电机或电机控制器后不需要进行电机偏移角写入操作。（　　）

5. 标定电机偏移角时，确认车辆各种油液及电池包正常，使车辆置于 N 挡，并固定于举升机上，少许离地，整车上高压电，组合仪表显示“READY”。（　　）

四、简答题

1. 简述电机控制器的主要功能。

2. 当转子逆转时，正弦和余弦电压将如何变化？

3. 旋变传感器的常见故障点有哪些？

4. 简述电机偏移角写入的操作步骤。

5. 简述电机偏移角标定的操作步骤。

任务三　线控换挡系统检修

一、填空题

1. 线控换挡系统是在传统换挡系统基础上，取消__________与驱动装置的__________，改由__________传递。

2. 线控换挡系统可以方便地实现驾驶员精确换挡以及车辆自动驾驶换挡功能。此外，与传统换挡系统相比，其还具有______________、________和________等优点。

3. 线控换挡系统主要由____________、________、________、换挡执行装置、线束和__________等组成。

4. 根据车辆人机工程设计和驾驶座舱风格，线控换挡操纵装置的操纵界面有________、________、________和________等类型。

5. 以挡杆式为例，线控换挡操纵装置主要由手柄、__________、__________、________________、电气接口、________和面板组成。

6. 换挡条件通常包含________、__________和____________等。

7. 模拟信号是______和______的电压变化，PWM 信号是传感器通过对一系列脉冲的宽度进行调制，用______的变化来表示输出信号的变化。

8. 线控换挡操纵装置中常见的挡位识别方式有两种：一种是将____________作为开关，间接获取挡位信息；另一种是利用____________进行挡杆空间位置测量，直接获取挡位信息。

9. __________将驻车请求发送至整车控制器，整车控制器结合__________和__________对 P 挡切换条件进行检查。

二、选择题

1. 在自动驾驶模式下，(　　) 可以直接输出车辆自动驾驶指令操控车辆换挡。

A. 车身控制器　　B. 车身电脑　　C. 整车控制器　　D. 底盘控制器

2. (　　) 式换挡操纵装置和组合开关集成在一起，安装在转向盘后方右侧。

A. 挡杆　　B. 旋钮　　C. 按键　　D. 怀挡

3. (　　) 挡时，动力装置与车轮之间的动力传动处于断开状态。

A. P　　B. N　　C. D　　D. R

4. 线控换挡操纵装置的挡位信息一般采用 (　　) 式挡位传感器采集。

A. 光电　　B. 霍尔　　C. 电磁　　D. 电阻

5. 霍尔式挡位传感器可以根据应用需求，输出线性模拟信号或者 (　　) 信号。

A. 电流　　B. 电压　　C. 霍尔式　　D. 脉冲宽度调制

三、判断题

1. 线控换挡系统可以利用电信号控制完成车辆的前进、倒车，但不能将其置于 N 挡或 P 挡。（　　）

2. 线控换挡操纵装置位于驾驶座舱中驾驶员座椅附近，用于驾驶员手动实施换挡操纵。（　　）

3. 线控换挡系统通常由 N、D、R 三个挡位组成。（　　）

4. 随着磁铁位置的变化，磁场相对霍尔元件的位置相应发生变化，霍尔电压数值保持不变。（　　）

5. 满足切换条件后，整车控制器向变速箱控制器（TCU）发送驻车指令，变速箱控制器通过驻车电机驱动执行器锁止减速器。（　　）

四、简答题

1. 简述霍尔式挡位传感器挡位识别的工作原理。

2. 简述 3D 霍尔式挡位传感器挡位识别的工作原理。

3. 简述 D/N/R 挡的换挡工作原理。

4. 简述 P 挡解锁的控制过程。

五、综合题

1. 根据下表中的故障指示灯符号，填写其所代表的故障。

序号	故障指示灯符号	故障指示灯说明
1		
2		
3		
4	P	
5	请检查换挡系统	

2. 在下表中补全各挡位典型的换挡条件。

切入挡位	当前挡位			
	P	R	N	D
P	—	车速≤ 3 km/h		
R		—	电源 OK 挡	
N	制动		—	电源 ON/OK 挡
D				—

任务四　线控驱动自动驾驶系统调试与检查

一、填空题

1. 线控技术最早起源于飞机的电传操纵系统。在采用线控技术的飞机上，飞行员的操作杆和机翼之间的_________被一套机械电子系统取代，飞行员的操纵命令以_________的方式被采集，经过计算机处理后用来控制机翼附近的_________或_________驱动机翼改变角度，完成飞行动作。

2. 底盘线控技术可以实现车辆在使用过程中驾驶员对车辆的人为________，并作为执行装置实现车辆_________________功能和_________________功能。

3. 汽车自动驾驶系统的核心架构分为________、________与________三个层面。

4. 感知层内包含___________、___________、___________和___________等环境感知传感器。

5. 线控驱动自动驾驶系统典型的应用场景包括__________、______________等。

6. 在整个变道超车的过程中，___________可能会因为探测到自车与后方来车存在碰撞风险而向___________发出________的指令。

7. ___________是自动驾驶系统的决策层部件，又被称为________。系统各部件之间由___________连接进行通信。

8. 智能网联汽车安全设计包括__________、________、预期功能安全与________四大类。

9. 在 ADAS 或自动驾驶系统中，线控驱动系统用于完成车辆的匀速、加速行驶，主要具有___________、___________、___________和___________四类功能。

二、选择题

1. 线控底盘作为（　　）层，属于架构的底层结构。

A. 感知　　B. 决策　　C. 执行　　D. 控制

2. 目前，自适应巡航可以实现在（　　）的速度范围内巡航。

A. 100%　　B. 90%　　C. 30%　　D. 50%

3. 在自动驾驶系统对车辆的操控过程中，线控驱动系统需要根据指令，在变道过程中时刻注意控制（　　），使车辆不会出现侧滑与失控。

A. 距离　　B. 车速　　C. 方向　　D. 位置

4. 线控加速踏板、线控换挡操纵装置属于线控驱动自动驾驶系统的（　　）。

A. 人机界面　　B. 操控装置　　C. 执行机构　　D. 控制机构

5. 由于踏板内部的传感器采用了冗余设计，踏板传感器会同时输出（　　）个与踏板位置对应的电压值。

A. 1　　B. 2　　C. 3　　D. 4

6. 整车控制器程序中“0 开度”需要与踏板新部件（　　）状态下的电压相对应。

A. 满行程　　B. 半行程　　C. 空置　　D. 以上选项都不对

三、判断题

1. 线控技术早期源于飞机驾驶电传操控。（　　）

2. 随着汽车日趋智能化和电动化，线控技术开始广泛被运用于汽车车身的设计中。（　　）

3. 自动驾驶系统决策层是一个集成信号处理算法与自动驾驶控制策略的计算平台。（　　）

4. 自适应巡航用于在快速道路或高速公路行车时将车间距控制在一个定值，以减轻驾驶员的驾车疲劳感。（　　）

5. 当车辆处于自动驾驶阶段，需要避让障碍物时，需由驾驶员控制车辆变道或者超车。 （ ）

6. 线控驱动自动驾驶系统具有人工驾驶和自动驾驶两种模式，两种模式的工作原理在信号源、信息流等方面都是相同的。 （ ）

7. 加速踏板人工接管是自动驾驶系统重要的安全设计。 （ ）

四、简答题

1. 简述线控驱动自动驾驶系统的含义。

2. 简述自适应巡航系统的工作过程。

3. 简述自动驾驶模式的工作原理。

4. 简述功能安全的含义。

5. 简述线控驱动自动驾驶系统的检查步骤。

情境二
线控转向系统装调与检修

任务五　线控电动转向系统检查

一、填空题

1. 根据驾驶员转向操纵方式的不同，汽车转向系统可分为____________、____________和____________三大类。

2. 根据动力和控制方式，助力转向系统可分为____________、电液助力转向系统（包括电控液压助力转向系统和________转向系统）和____________等类别。

3. 线控电动转向系统主要由转向盘、________、________、转向中间轴、万向节、齿轮齿条式转向器、__________、转向盘转角传感器和________组成。

4. 根据所能提供的转向力大小不同，线控电动转向系统有__________、小转向齿轮式、__________、__________四种类型。

5. 不同类型的系统在外形和结构上主要体现为____________、转向电机位置和________的区别。

6. 线控电动转向系统部件检查主要是对__________、________及转向控制器进行检查。

7. 检查转向电机及转向控制器时，应启动车辆，原地转动转向盘，查看________工作是否正常，检查转向电机运行有无________。

二、选择题

1. EPS 是（　　）的英文简称。

A. 液压助力转向　　B. 电动助力转向

C. 线控电动转向　　D. 电液助力转向

2. 机械转向系统又称（　　）系统，是完全依靠驾驶员手部力量操纵的转向系统。

A. 电子转向　　B. 液压转向　　C. 动力转向　　D. 人力转向

3.（　　）系统目前被广泛应用于中高级车型上。

A. 电动助力转向　　B. 液压助力转向

C. 电动液压助力转向　　D. 电控液压助力转向

4. 根据转向盘与转向器之间有无机械连接，可将线控转向系统分为（　　）种类型。

A. 3　　B. 2　　C. 4　　D. 5

5. 线控电动转向系统是在传统汽车电动助力转向系统的基础上增加了由（　　）对转向系统的控制以完成车辆自主转向的新一代汽车转向系统。

A. 整车控制器（VCU）　　B. 电池管理器（BMS）

C. DC/DC 变换器　　D. 车载充电机（OBC）

三、判断题

1. 全线控转向系统采用线控冗余设计的技术方案，完全取消了转向盘与转向器之间的机械连接，改用电缆传输转向信号。（　　）

2. 在电控单元架构中存在两套完全独立的控制电路，当一套电路发生故障时，另一套替补电路可立即启动。（　　）

3. 进行转向传动机构的紧固检查时，应将被检车辆用举升机升起，规范使用扭力扳手，根据维修经验，检查转向球节的连接螺栓和螺母的紧固情况。（　　）

4. 检查转向电机机体及转向控制器安装紧固力矩是否符合要求时应使用棘轮扳手。（　　）

5. 转向盘最大自由转动量是指转向轮在直线行驶位置时转向盘的最大空转角度。（　　）

四、简答题

1. 简述助力转向系统的含义及分类。

2. 简述转向传动机构的检查内容。

3. 简述转向盘最大自由量的含义及作用。

4. 智能网联汽车线控电动转向系统有哪些转向助力功能?

5. 线控电动转向助力功能检查主要包括哪些内容?

6. 简述转向传动机构外观检查的内容。

7. 简述跑偏补偿功能的含义。

任务六　线控电动转向系统检修与更换

一、填空题

1. 在人工驾驶中，线控电动转向系统实现车辆______________并提供__________，可使驾驶员的转向操控精准和轻松。

2. 转向盘内部的转角传感器测量驾驶员转动转向盘的____________和____________，并将信号发送至线控电动转向系统控制单元；驾驶员预先选定的____________也会被

发送至线控电动转向系统控制单元。

3. 在转向电机运行过程中，转向电机中的位置传感器向线控电动转向系统控制单元反馈转向电机的____________、____________等信号，通过____________实现系统对转向电机的精准控制。

4. 不同于一般的角度传感器只能测量__________，转向盘转角传感器的测量范围可达__________，可以满足转向盘左右打满全程的转动量测量。

5. 磁阻式转角传感器通常采用磁阻技术，传感器内部包含一大两小共三个齿轮，其中大齿轮与__________固定，两个测量小齿轮之间齿数相差一个齿或几个齿，且都内置有__________。

6. 当整车处于停车下电状态时，线控电动转向系统__________；启动开关处于__________挡且__________吸合后，线控电动转向系统开启。

7. 线控电动转向系统控制单元在每次上电后都会进行__________。

8. 当线控电动转向系统中与助力相关的系统因为故障完全失效时，线控电动转向系统的全套机械系统仍可以工作，以确保车辆始终有__________。

二、选择题

1. 转向盘转角传感器的英文缩写是（　　）。

A. ESP　　B. SAS　　C. ABS　　D. ECU

2. 转矩传感器采用四线制接线，分别为（　　）、接地（GND）、信号输出 1、信号输出 2。

A. 电源正极（VCC）　　B. 接地

C. 信号电压　　D. 信号输出

3. 磁阻传感器在整个测量范围内输出（　　）两个不同波形的信号。

A. 正弦和余弦　　B. 电压和电流　　C. 电流和电阻　　D. CAN 和接地

4. 转矩传感器是用于测量（　　）施加在转向盘上力矩的专用传感器。

A. 驾驶员　　B. 电机　　C. 液压助力泵　　D. 电子助力泵

三、判断题

1. 在转向电机运行过程中，驾驶员作用在转向盘上的扭矩与转向电机输出的转向力矩相加，共同推动转向器中的转向齿条，以带动转向车轮运动。（　　）

2. 转向盘转角传感器的测量值经过数据处理后通过 CAN 总线供给线控电动转向系统控制单元使用。（　　）

3. 在对转向盘转角传感器的数据流进行检查时，可用手转动转向盘至特定角度位置，查看仪器显示的数据是否准确。（　　）

4. 线控电动转向系统出现故障时，在仪表上没有故障提示。（　　）

5. 安装转向器时，不需要将转向横拉杆调整至维修前横拉杆的长度，只需之后根据底盘调整程序完成长度调节即可。（　　）

四、简答题

1. 简述线控电动转向系统检修故障的验证内容。

2. 简述磁阻式转角传感器的工作原理。

3. 简述转向盘转角传感器的作用。

4. 简述转矩传感器的作用。

5. 简述转向器的标定步骤。

五、综合题

在下表中根据提示步骤补全转向器安装的工作内容。

步骤	工作内容	示意图
检查新配件	对新配件的零件号和外观进行检查	—
安装外球节		
调整转向器输入轴		
调整横拉杆长度		—
安装转向器		—
连接转向节臂		

续表

步骤	工作内容	示意图
连接转向管柱		—
紧固与检查连接点		—
系统上电与初始化		—

任务七　线控转向自动驾驶系统调试与检查

一、填空题

1. 自动驾驶系统需要具备 ________________能力，可以根据驾驶员发出的指令，综合_________和效率优先级等因素合理选择行车路线。

2. 车辆需要能够实现时刻进行自身的物理空间定位以及识别_________和_________等功能。

3. 自动驾驶技术将最基本的驾驶行为分为四个层级，即_________、行为决策、_________和运动控制。

4. 行为决策负责在车辆行驶过程中决定正常跟车或变道、遇到___________和___________时等待避让等。

5. 运动控制又称_________，是系统对底盘进行线控操纵，从而使车辆按照_________所输出的路径和车速完成运动。

6. 线控转向自动驾驶系统可以通过_________转为_________模式，完成转向随速助力等各项功能。

7. 车道保持辅助系统具有______________和______________两种类型，其工作过程分为视觉传感器信息采集、图像处理与特征提取、车道线识别、______________四个阶段，其中，车辆横向控制由线控转向自动驾驶系统完成。

二、选择题

1. 根据国家标准要求，以车道偏离抑制型 LKA 系统为例，系统应确保车道偏离不超过车道线外侧（　　）m。

A. 0.4　　B. 0.5　　C. 0.8　　D. 1.0

2. 智能泊车辅助系统是在泊车时自动检测泊车空间并为驾驶员提供泊车指示和（　　）控制等辅助功能的先进驾驶辅助系统。

A. 方向　　B. 力矩　　C. 速度　　D. 转矩

3. 转向系统人工接管门限值应大于驾驶员正常驾驶时转动转向盘的扭矩值（一般为 3 N・m），建议将其设定为（　　）N・m。

A. 3　　B. 3.5　　C. 6　　D. 4

4. 动态角度响应检查的方法是，在自动驾驶模式下，向左或向右连续阶梯性改变转向盘角度，如转动至（　　），保持 10 s，然后回转至 0°，保持 10 s，再转动至 200°，保持 10 s。

A. 180°　　B. 270°　　C. 90°　　D. 360°

5. 智能泊车辅助的英文缩写为（　　）。

A. ABS　　B. ESP　　C. EPS　　D. IPA

三、判断题

1. 自动驾驶汽车的开发目标是使车辆可以像熟练的驾驶员一样做出安全、合理的驾驶行为。（　　）

2. 线控转向自动驾驶系统可以通过人工干预转为人工转向模式，完成转向随速助力等各项功能。（　　）

3. 全局规划基于高精地图，可以规划出多条连接起点和终点的道路。（　　）

4. 运动规划是在车辆做完决策后，确定车辆所需要的路径轨迹以及路径上各段对应的车速。（　　）

5. 转向系统各传感器需将转向盘角度等状态发送给整车控制器（VCU），供车辆进行下一步的运动规划。（　　）

6. 车道保持辅助系统要求线控转向系统在响应迅速和控制精确上有优良性能。（　　）

7. 线控转向系统拆装后，转向角度不需要进行零点标定。（　　）

四、简答题

1. 简述线控自动转向驾驶系统的功能。

2. 简述线控转向自动驾驶系统的工作原理。

3. 简述人工接管门限值的设定步骤。

4. 简述线控转向自动驾驶系统的组成。

5. 简述转向角度零点标定的步骤。

6. 简述最大转动角度范围的设置步骤。

7. 转向指令在自动驾驶与人工驾驶两个模式下分别包括哪些检查内容?

情境三
线控制动系统装调与检修

任务八　线控制动系统检修

一、填空题

1. 线控制动系统是智能网联汽车________的必要关键技术。

2. 线控制动系统可分为______________线控制动系统和______________线控制动系统两大类。

3. 在机械式线控制动系统中，液压装置包括____________、____________和____________等。

4. 制动控制器根据__________________信号以及_________等车辆状态信号，驱动和控制执行机构_________产生所需的制动力。

5. 液压式线控制动系统主要由制动踏板、电动机械式制动助力器、______________、______________、______________、______________以及制动液压管路等组成。

6. 电动机械式制动助力器主要由______________、______________、_________________、______________、推杆（制动踏板接口）以及串联式制动总泵等组成。

7. 线控制动系统蓄压器通过________________直接与制动总泵相连，主要由_______、_______、排气阀和制动管路接口等组成。

二、选择题

1. 液压式线控制动系统取消了传统的真空助力器，用一个（　　）代替真空助力

器来推动主缸活塞。

A. 真空罐　　B. 活塞泵　　C. 电机　　D. 液压阀

2. 制动踏板位置（行程）传感器共输出两个工作信号，其中信号 1 是（　　）信号，信号 2 是 SENT（单边半字传输）协议信号。

A. 电压　　B. 电流　　C. 电　　D. 占空比

3. 制动助力控制器根据制动踏板位置（行程）传感器传输信号来判断制动踏板行程和制动紧急程度的变化，并为（　　）提供信号。

A. 整车控制器　　B. 车身控制器　　C. 仪表　　D. 制动灯

4. 制动踏板位置传感器的供电电源电压为（　　）V。

A. 5　　B. 12　　C. 14　　D. 28

5. SENT 协议采用单线数据传输，减少了信号线，一共有（　　）条线。

A. 1　　B. 2　　C. 3　　D. 4

6.（　　）会判断仅通过电机进行制动是否够用，是否需要建立液压制动压力。

A. 驾驶辅助系统　　B. 整车控制器

C. 制动助力控制器　　D. ESP 控制器

三、判断题

1. 在机械式线控制动系统中只有主缸，液压管路被电子机械系统替代。（　　）

2. 液压式线控制动系统是线控制动系统未来的发展方向。（　　）

3. 电动机械式制动助力器不依赖真空源，取代了传统汽车中的电子真空泵和制动助力器。（　　）

4. 制动踏板感可以通过设定电子助力器的软件来定义，以满足汽车装配厂的差异化要求。（　　）

5. 制动踏板位置（行程）传感器采用霍尔式传感器，该传感器共有 4 个针脚，分别是供电、接地、通信和信号针脚。（　　）

6. 制动助力控制器根据制动踏板位置传感器信号来判断制动踏板是否踩下，并为

制动灯提供开关信号。 ( )

7. 工作缸容积变大后，可从制动管路抽吸制动液，使制动系统压力增大。 ( )

8. 制动助力控制器可通过减小或增大制动助力，使制动踏板不发生位移。 ( )

四、简答题

1. 简述电动机械式制动助力器的优点。

2. 简述 SENT 协议的特点。

3. 什么是能量回收制动系统？

4. 简述线控制动系统的常见故障与可能原因。

任务九　线控制动系统部件更换

一、填空题

1. 电动机械式制动助力器一般安装在________________或________________中，与驾驶舱____________相连。

2. 线控制动系统的蓄压器安装在前机舱中，通过______________直接与__________相连。

3. 制动系统设备排气时，踩下制动踏板________次后，拧松排气螺栓排出制动液，直到流出的制动液____________、____________，拧紧排气螺栓，拆下排气瓶，装上排气螺栓护罩。

4. 人工排气（没有制动液更换装置）采用二人配合操作的方式，一人在__________________，一人在________________。

5. 按顺序在每个制动分泵上排气，通常排气顺序为：________制动分泵→________制动分泵→________制动分泵→________制动分泵。

二、选择题

1. 在安装电动机械式制动助力器时，应将制动液储液罐初步加注至（　　）标记处。

A. 最大　　B. 最小　　C. 中间　　D. 三分之一

2. 将制动踏板加载装置安装在制动踏板和驾驶员座椅之间，并将制动踏板至少预紧（　　）mm，以此关闭制动主缸内的阀门。

A. 30　　B. 40　　C. 50　　D. 60

3. 制动系统设备排气时，将制动液储液罐加注至（　　）标记处。

A. 最大　　B. 最小　　C. 中间　　D. 三分之一

4. 连接制动液更换装置，将适配接头旋转到制动液储液罐上后，应将制动液更换装置压力调至（　　）kPa（100 kPa=1 bar）。

A. 100　　B. 200　　C. 300　　D. 400

5. 在制动系统密封性检查时，高压检查过程中在 45 s 的检测期间压降不允许超过（　　）kPa（100 kPa=1 bar）。

A. 100　　B. 200　　C. 300　　D. 400

三、判断题

1. 拆卸制动液储液罐时，不需要将制动液从储液罐中吸出。（　　）

2. 更换新的电动机械式制动助力器时，新件的零件号与旧件的零件号不得一致。（　　）

3. 安装电动机械式制动助力器时不需要对制动系统排气。（　　）

4. 为防止制动液溢出，应在蓄压器下面铺放足够的抹布。（　　）

5. 由于制动液具有腐蚀性，因此不允许其与油漆接触。（　　）

四、简答题

1. 简述电动机械式制动助力器的主要拆卸步骤。

2. 更换电动机械式制动助力器时有哪些注意事项?

3. 简述制动系统人工排气的步骤和顺序。

4. 简述制动系统密封性的检查方法。

5. 简述制动系统设备排气的方法和过程。

任务十　车辆电子稳定性程序（ESP）检修

一、填空题

1. 车辆电子稳定性程序是实时监控车辆运行状态，根据需要调节__________和__________以改变车辆________，使车辆按驾驶员意图行驶的汽车主动安全系统。

2. 电子稳定性程序系统的基本组成包括____________、____________和汽车动态控制系统，其中________又被称为牵引力控制系统。

3. 液压紧急辅助制动功能是指系统识别________但制动踏板力________的情况，自动建立制动压力以________制动距离。

4. 电动驻车控制功能是指电控单元集成于________________电控单元内，由_______实现停车制动。

5. 电子稳定性程序系统主要由________________、______________、制动开关、电子稳定性程序 OFF 开关和前后制动盘等组成。

6. 电子稳定性程序总成是高度集成的总成元件，主要由_______、_______、_______、_______、_______和电控单元（ECU）等组成。

7. 根据车轮抱死与否，ABS 会重复__________、__________的动作直到车辆完全停止，避免车辆轮胎的__________，以保证车辆的___________。

8. 轮速传感器的主要有____________和____________两种类型。

二、选择题

1. 装有 ABS/ESP 的车辆，当驾驶员施加给车轮的制动压力过大时，车轮与路面之间的摩擦系数（　　），会导致车轮比车辆更急速地减速，出现车轮抱死现象。

A. 减小　　B. 增大

C. 不变　　D. 与制动压力无关

2. 当车轮抱死时，电控单元会向液压单元传达降低车轮压力的指令，即（　　），以减小车轮制动器分泵的压力。

A. 常开阀关闭、常闭阀打开　　B. 常开阀打开、常闭阀关闭

C. 常开阀关闭、常闭阀关闭　　D. 常开阀打开、常闭阀打开

3. 横向加速度传感器向电控单元传送侧向的（　　）信息。

A. 加速度　　B. 离心趋势

C. 偏转　　D. 以上选项都对

4. 霍尔式轮速传感器频率响应高，其响应频率高达（　　）kHz，可以满足现代汽车最高车速的需求。

A. 10　　B. 20　　C. 30　　D. 40

5. 智能网联车型配套的霍尔式传感器为（　　）线制。

A. 二　　B. 三　　C. 四　　D. 以上选项都对

三、判断题

1. 上坡辅助功能可在松开制动踏板后和车辆起步前，使制动压力最短保持 2 s，防止车辆后溜。（　　）

2. 防侧翻功能可通过 ESP 内部传感器监测车辆状态，主动施加制动压力，防止车辆在突然转弯时发生侧翻等情况。（　　）

3. 通过减压或保压对车轮制动器分泵施加适当的压力时，常开阀和常闭阀均打开以维持车轮制动器分泵的制动压力。（　　）

4. 出现左转转向不足时，电子稳定性程序会通过传感器监测到这种情况，并控制电磁阀和执行电机的动作对外侧后轮进行适当制动。（　　）

5. 横摆角速度传感器可向电控单元传送车辆的离心趋势。（　　）

四、简答题

1. 简述电子稳定性程序系统的作用。

2. 简述霍尔式轮速传感器的优点。

3. 电子稳定性程序系统有哪些常见故障?

4. 转向盘转角传感器的故障原因有哪些？

五、综合题

根据下图，简述电子稳定性程序泄压控制－减压控制的原理。

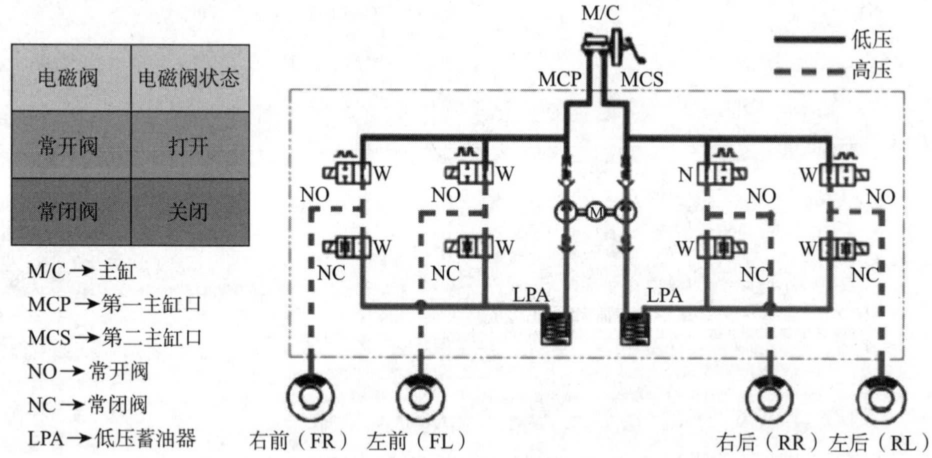

电磁阀	电磁阀状态
常开阀	打开
常闭阀	关闭

任务十一　电子驻车制动（EPB）系统检修与更换

一、填空题

1. 电子驻车制动系统除实现驻车制动外，还具有____________________、智能驻车或解除等功能。

2. 电子驻车制动系统用______取代传统手制动装置的________和_____________。

3. 电子驻车制动系统主要包括 ABS 控制单元、____________、_____________、________________、电控驻车制动器按钮以及自动保持开关等。

4. 整个电子驻车制动系统的执行部件位于__________附近，信号通过导线进行传输。

5. EPB 控制单元工作电路主要包括___________、___________、___________、信号输入和信号输出。

二、选择题

1. 电子驻车制动系统是利用（　　）信号实现驻车制动开关对驻车制动器控制的汽车驻车制动系统。

A. 通信　　B. 电　　C. 电压　　D. 控制

2. 在卡钳释放过程中，电子驻车制动模块会对制动卡钳控制电机瞬间提供（　　）V 左右的工作电压。

A. 12　　B. 500　　C. 600　　D. 100

3. 触发 EPB 开关驻车功能时，会向制动卡钳控制电机施加一定的工作电压，初期电流升高，随着制动力的增加，电流（　　）。

A. 升高　　B. 降低

C. 不变　　D. 与制动力无关

4. 卡钳夹紧力达到标准后，电子驻车制动模块切断对制动卡钳控制电机的供电，此时（　　）。

A. 电压降低为 5 V，电流降低为 0 A

B. 电压降低为 5 V，电流降低为 1 A

C. 电压降低为 0 V，电流降低为 0 A

D. 电压降低为 0 V，电流降低为 1 A

5. 电子驻车制动系统故障检修时，故障属于偶发情况，可以怀疑导线、插接器等可能出现了（　　）。

A. 损坏　　B. 虚接　　C. 短路　　D. 断路

三、判断题

1. 在紧急情况下，按下 EPB 开关并保持住，即可通过 EPB 系统制动车辆。（　　）

2. 将点火开关置于 ON 模式，踩下制动踏板，拉起 EPB 开关即可释放驻车制动，此时组合仪表上的指示灯熄灭。（　　）

3. 当需要车辆驻车但不触发自动驻车制动功能时，驾驶员可按住 EPB 开关同时关闭发动机。（　　）

4. 电子驻车制动系统的工作电源为两个常火线。（　　）

5. 电子驻车制动系统的信号输入为三路，分别为 EPB 开关信号、自动驻车开关信号和制动灯开关信号。（　　）

6. 卡钳释放结束后，电子驻车制动模块切断对制动卡钳控制电机的供电，此时电压不变，电流为 0。（　　）

四、简答题

1. 简述自动驻车功能的原理。

2. 简述后轮制动器总成的工作原理。

3. 简述电子驻车制动系统的故障验证方法。

4. 电子驻车制动系统有哪些常见故障?

任务十二　线控制动自动驾驶系统调试与检查

一、填空题

1. 汽车行业一直把____________________、____________________作为自动驾驶汽车发展的首要目标。

2. 典型的汽车被动安全系统包括________、________和___________。

3. 汽车主动安全系统是车辆在________到交通事故________时，________车辆以避免事故发生的安全系统。

4. 汽车____________和______________都是典型的主动安全系统。

5. 线控制动自动驾驶系统的功能包括______________、______________、辅助驾驶员制动助力以及____________等。

6. 线控制动自动驾驶系统由______________、________________、整车控制器、______________和__________等组成。

二、选择题

1. 在每年发生的众多汽车道路安全事故中，(　　)与人为失误因素相关。

A. 50%　　B. 70%　　C. 90%　　D. 100%

2. 传统的汽车主动安全系统包括 ABS、(　　)等，用于避免汽车运动失去稳定而造成危险。

A. ESP　　B. EBD　　C. AEB　　D. ESC

3. 线控制动自动驾驶系统是用于车辆自动驾驶过程中（　　）减速运动控制的底

盘系统。

A. 纵向　　B. 横向　　C. 纵向和横向　　D. 斜向

4. 驾驶员踩下制动踏板，由（　　）采集制动踏板信号，判断驾驶员意图，发送制动指令给线控制动控制单元，控制制动执行电机运转。

A. 制动控制器　　B. 线控制动控制单元

C. 整车控制器　　D. 车身控制器

5. 线控制动自动驾驶系统采用的是（　　）式制动系统。

A. 电控　　B. 线控　　C. 液压　　D. 气压

三、判断题

1. 当车辆与行人发生碰撞事故时，汽车的前机舱盖会紧急小幅度弹起，以减小行人身体受到硬物撞击的伤害。（　　）

2. 自动驾驶技术的主动安全系统利用环境感知传感器不断检测周围环境，在预判交通事故发生时自主紧急控制车辆以避免事故发生。（　　）

3. 线控制动自动驾驶系统具有人工驾驶和半自动驾驶两种模式。（　　）

4. 制动系统的最大制动压力不足会造成制动力不足，最大制动压力过大容易造成制动部件的损坏。（　　）

5. 驾驶员需要操纵车辆时，可以通过人工接管功能迅速踩下制动踏板，线控系统会退出自动驾驶模式。（　　）

四、简答题

1. 简述线控制动自动驾驶系统的应用场景。

2. 简述自动紧急制动系统的作用。

3. 简述自动紧急制动系统的工作过程。

4. 简述线控制动自动驾驶系统的制动反馈功能。

5. 简述线控制动自动驾驶系统的检查内容。

情境四
线控悬架系统部件与综合故障检修

任务十三　线控悬架系统部件检修

一、填空题

1. 线控悬架系统又称____________，是利用电控技术根据车辆的运动状态和路面状况等行驶条件，主动动态调节____________、____________和__________等参数，使车辆始终处于最佳状态的汽车悬架系统。

2. 线控悬架系统目前在智能网联汽车上的配装日益普及，其主要功能体现为____________、____________、____________、____________四个方面。

3. 线控悬架系统的电控部件主要包括模式选择开关、____________________、____________________和悬架控制器等。

4. 根据悬架系统类型的不同，弹性部件主要有________、________和橡胶弹性体等。

5. 线控悬架系统中可调阻尼减振器的主要类型有______________和______________两种。

6. 供气装置由________、________、________以及空气管路等组成。

7. 从________到电磁阀单元、从________到________的空气管路只能整根更换，不得修复。

8. 车身加速度传感器用于获取__________和__________的时间曲线，以使线控悬架系统对每种行驶状态进行最理想的__________。

二、选择题

1.（　　）是悬架中承载车身的部件，安装在车轮与车身之间。

A. 弹性部件　　B. 阻尼元件　　C. 减振器　　D. 蓄压器

2. 空气悬架系统通过改变空气弹簧内的（　　）和压力获得不同的高度和刚度。

A. 容积　　B. 体积　　C. 空气量　　D. 真空度

3. 连续减振器内部充有液压油，油液通过小孔在内外两个腔室内流动，改变油液（　　）的大小即可改变阻尼值。

A. 流动阻力　　B. 流动速度　　C. 流动方向　　D. 以上选项都对

4. 连续减振器通过控制阀改变（　　）以调整油液在内外腔室往复的阻力，实现阻尼调节。

A. 流动阻力　　B. 开关闭合　　C. 容积　　D. 孔径

5. 空气弹簧阀和蓄压器阀都是（　　）阀，二者组成一个电磁阀单元，在不通电时是关闭的，空气弹簧一侧 / 蓄压器一侧的压力沿关闭方向作用。

A. 二位二通　　B. 二位三通　　C. 三位三通　　D. 三位二通

6. 车身一侧的传感器输出信号在空气悬架压缩时是增大的，在车身另一侧该输出信号则是（　　）的。

A. 先增大后减小　　B. 增大

C. 减小　　D. 先减小后增大

三、判断题

1. 线控悬架系统可以根据不同路面情况，自动调节车辆减振性能，更好地在各种道路条件下过滤由路面不平造成的车辆颠簸。（　　）

2. 当汽车高速行驶时，线控悬架系统会降低车身高度，减小空气阻力并提升操纵稳定性。（　　）

3. 点火开关关闭时，因乘客和行李减少，线控悬架系统会降低车身高度，以保持良好的驻车状态。（ ）

4. 气动减振器工作时，不同的气压对减振器阀芯的预紧力不同，油液打开阀芯所需的压力相同。（ ）

5. 空气压缩机通过两级往复活塞生产压缩空气，通常安装在车外的机舱或备胎坑附近。（ ）

6. 当空气压缩机的蓄压器压力不足时，会立刻给蓄压器充气。（ ）

7. 压缩机及其总成上的附件（如某车型的压力传感器、温度传感器等）一般可维修或单独更换。（ ）

四、简答题

1. 简述空气弹簧的检修方法。

2. 简述电磁阀单元的检修方法。

3. 简述压力传感器的检修方法。

4. 简述车身高度传感器的工作原理。

5. 简述车身高度传感器的检修方法。

任务十四　线控悬架系统综合故障检修

一、填空题

1. 线控悬架系统主要有__________、__________和__________三种形式。

2. 根据车型不同，线控悬架系统的操控一般分为________和________。

3. 悬架高度的自动调节根据________进行，其通常分为________、________和________等。

4. 为了尽量减少耗电，悬架控制器在“________”15 min 后切换为________模式。

5. 当车辆需要起步行驶时，由__________、__________或者车速信号触发“唤醒”，车速大于 10 km/h 时悬架系统进入行驶模式。

6. 电磁悬架系统主要由__________、__________、__________、电磁减振器、减振器调节指示灯等组成。

7. 空气悬架系统是利用________作为________的悬架系统，以________为介质，利用气体的________实现其弹性作用。

二、选择题

1. 车辆以超过 120 km/h 的速度行驶（　　）min 后，悬架高度会自动降至低状态。

A. 0.5　　B. 3

C. 1　　D. 6

2. 一般当车速（　　）km/h 时认定车辆处于驻车模式，该模式下车辆悬架可自动降低至最低车身高度，以方便上下车或取放行李。

A. =0　　B. <5

C. <10　　D. 以上选项都不对

3. 当车辆点火开关处于 ON 挡、车辆自检时，或悬架系统因故障进入应急模式时，悬架指示灯为（　　）状态。

A. 熄灭　　B. 常亮

C. 闪烁　　D. 以上选项都不对

4. 电磁线圈在未通电的状态下，减振器油内的磁悬浮微粒呈（　　）状态，彼此之间没有力的作用。

A. 一条长串　　B. 一个圆

C. 杂乱无序　　D. 一个球

三、判断题

1. 通过操控，可实现线控悬架系统根据驾驶员的操纵意图、车辆行驶状态、车辆负荷情况等来自动调节车身高低与悬架刚度。（　　）

2. 当车速大于 20 km/h 时，悬架将自动上升至当前驾驶模式对应的高度。（　　）

3. 驻车模式在某些车型中也被称为“轻松进入模式”或“载物模式”。（　　）

4. 在活塞运动时，微粒与油液一同从活塞孔中压出，这时的减振力（阻尼力）相对较高且其大小取决于减振器油的基本黏度值。（　　）

5. 为保证安全，在验证故障时应保证场地宽阔，车辆前方和后方不得站人，当悬架使车辆离地间隙过小时，不得驾驶车辆。（　　）

四、简答题

1. 简述液压可调悬架系统的工作原理。

2. 简述空气悬架系统的工作原理。

3. 简述在自动驾驶模式下空气悬架系统的工作过程。

4. 简述线控悬架系统故障的检查方法。

5. 简述线控悬架故障的分析步骤。

情境五
线控底盘数据解析与综合调试

任务十五　线控底盘通信系统检查与数据解析

一、填空题

1. 智能网联汽车的线控底盘部件之间通过__________交换信息。

2. CAN 总线连接着每个________，共同组成________并进行系统之间的数据交换。

3. 线控底盘 CAN 总线传输包括____________、____________、控制电机工作的控制信号和执行元件的____________等多种信号。

4. CAN 总线系统主要由若干____________、____________和____________组成。

5. CAN 节点主要由____________、____________和____________组成。

6. CAN 节点中的 CAN 控制器具有____________和____________等作用。

7. CAN 系统的工作是建立在____________基础上的，其主要描述各控制单元间的____________，由____________和________组成。

8. CAN 总线通信系统具有__________、____________、有柔性、______________、有错误通知和__________功能、连接多个节点等优点。

二、选择题

1. 汽车总线系统具有多种类型，各类型的总线之间通过（　　）实现不同网络之间的数据交换。

A. 整车控制器　B. 车身控制器　C. 网关　D. 以上选项都对

2. 目前，智能网联汽车上多将 CAN 控制器集成于（ ）内部。

A. 节点 B. CAN 收发器 C. 网关 D. 微控制器

3. 理论上 CAN 总线可以连接无数个节点，但实际上受总线驱动能力的限制，在现有技术下每个 CAN 总线系统中最多可以连接（ ）个节点。

A. 100 B. 110 C. 200 D. 210

4.（ ）是接收单元向具有相同 ID 号的发送单元请求数据的帧。

A. 数据帧 B. 远程帧 C. 错误帧 D. 过载帧

5. 数据域是报文中的主要数据信息，数据域的长度最长为（ ）个字节。

A. 8 B. 12 C. 24 D. 64

三、判断题

1. CAN 总线上的每个节点独立完成网络数据交换和测控任务。（ ）

2. “边说边听”功能是指信号转换同时发送和接收信号。（ ）

3. 各控制单元间的数据传输实际上发生在数据链路层。（ ）

4. 终端电阻 R_t 的作用是防止信号在传输线终端产生反射波，干扰正常传输的数据。（ ）

5. 过载帧是指接收单元向总线上的其他单元报告自身接收能力达到极限，未做好接收下一帧数据准备的帧。（ ）

四、简答题

1. CAN 收发器是如何将电信号转换为数字信号的？

2. 简述 CAN 数据传输线的特点。

3. 简述 CAN 命令手动解析工作的主要作用。

4. 简述 CAN 命令手动解析工作中的主要解析内容。

任务十六　线控底盘参数调节与综合测试

一、填空题

1. 智能网联汽车自动驾驶系统的车辆运动控制分为__________、____________和_______________三类。

2. 横向控制主要用于车辆的____________，以最大限度减小车辆与目标路径之间的____________，使车辆始终沿着运动规划输出路径行驶。

3. 车辆横向控制在________________系统的典型应用与__________系统的应用场景相同，包括__________系统与__________系统等。

4. 纵向控制主要应用于_______________、_______________和______________中。

5. 自动驾驶控制系统的基本形式有_____________和_____________两种。

6. 闭环反馈控制系统中有__________、__________、__________、控制变量和干扰变量五种主要变量。

7. 闭环反馈控制系统由________、________、________和________组成。

8. 开环控制系统具有________、________和________等特点，适用于对于控制精度要求不高或者干扰影响较小的控制任务。

二、选择题

1. 在高级别自动驾驶中，车辆需独立完成相当距离的自主行驶，在此过程中需要对线控底盘进行（　　）控制。

A. 横向　　B. 纵向　　C. 横纵向协同　　D. 横纵向独立

2. 自动驾驶汽车的（　　）同时也是横向控制器和纵向控制器的状态量输入。

A. 纵向位移　　B. 横向位移　　C. 纵向速度　　D. 横向速度

3. 将被控对象的输出量供给控制装置使用，被称为（　　）。

A. 开环　　B. 闭环　　C. 输出　　D. 反馈

4.（　　）变量是独立存在于控制系统外部并可作为输入信号的变量。

A. 参考　　B. 受控　　C. 目的　　D. 控制

5. 发动机 λ 闭环控制系统的作用是控制进入发动机的空气与燃油混合气的比例，即空燃比，使过量空气系数 λ（　　）。

A. <1　　B. >1　　C. $=1$　　D. $=0$

6. 比例控制的（　　）信号与系统输出 / 输入之间的误差值成比例关系。

A. 输入　　B. 输出　　C. 控制　　D. 反馈

三、判断题

1. 典型的横向控制仿真测试中通常对车速的变化有要求。（　　）

2. 汽车的横向车速是连接横向控制系统与纵向控制系统的关键点。（　　）

3. 车辆纵向控制根据上层运动规划输出的路径、曲率等信息进行跟踪控制，要求减小跟踪误差并保证汽车的行驶安全性、平稳性与乘坐舒适性。（　　）

4. 比例 – 积分 – 微分控制简称 PID 控制，因其具有结构简单、便于调整参数等优点，已成为汽车控制领域最基本的控制方法。（　　）

5. 干扰变量是指来自系统外部并对系统产生不良影响的变量。（　　）

6. 比例控制参数 K_p 可以被理解为控制器对系统“当下欠佳表现”的控制“力度”，若误差大则 K_p 应相应调高。（　　）

7. PID 控制系统参数调节采用试凑法，不同的汽车厂商所采用的试凑方式各不相同，但大都采用“先积分、再比例、最后微分”的方式。（　　）

四、简答题

1. 简述发动机 λ 闭环控制系统的工作过程。

2. 防抱死制动系统闭环反馈控制系统有哪些变量？

3. 简述 PID 控制系统中控制参数的作用。

4. 简述线控底盘硬件在环测试的过程。

5. 简述线控底盘的测试方法。

五、综合题

根据提示，在下表中将典型汽车开环控制系统的变量及元件填写完整。

		电子燃油喷射系统	电子点火系统
变量	目的变量	空燃比	点火点
	参考变量		
	干扰变量		
	控制变量		点火点
元件	控制器		
	执行器	燃油喷嘴	
	受控对象		

综合试卷（一）

一、填空题（每空 0.5 分，共计 20 分）

1. 驾驶员在驾驶车辆时，利用大脑控制四肢，通过__________、加速踏板、__________、______________等装置进行车辆控制。

2. 驱动电机主要由定子水套、定子绕组、转子、__________________________、________________________、________________________、冷却接口及交流电连接装置等组成。

3. 线控换挡系统主要由________________、__________、__________、换挡执行装置、线束和车载通信网络等组成。

4. 汽车自动驾驶系统的核心架构分为________、________与________三个层面。

5. 线控电动转向系统主要由转向盘、__________、__________、转向中间轴、万向节、齿轮齿条式转向器、__________、转向盘转角传感器和__________组成。

6. 在转向电机运行过程中，转向电机中的位置传感器向线控电动转向系统控制单元反馈转向电机的______________、______________等信号，通过闭环控制技术实现系统对转向电机的精准控制。

7. 自动驾驶技术将最基本的驾驶行为分为四个层级，即__________、行为决策、__________和运动控制。

8. 在机械式线控制动系统中，液压装置包括______________、______________和________________等。

9. 制动系统设备排气时，踩下制动踏板________次后，拧松排气螺栓排出制动液，直到流出的制动液________________，拧紧排气螺栓，拆下排气瓶，装上排气螺栓护罩。

10. 液压紧急辅助制动功能是指系统识别快速制动但制动踏板力__________的情况，自动建立制动压力以__________制动距离。

11. 电子驻车制动系统主要包括 ABS 控制单元、_____________、_____________、

________、电控驻车制动器按钮以及自动保持开关等。

12. 汽车主动安全系统是车辆在________到交通事故________时，________车辆以避免事故发生的安全系统。

13. 线控悬架系统的电控部件主要包括模式选择开关、________、________和悬架控制器等。

14. 悬架高度的自动调节根据驾驶模式进行，驾驶模式通常分为________、________和________等。

15. 线控底盘 CAN 总线传输包括________、________、控制电机工作的控制信号和执行元件的开关信号等多种信号。

二、选择题（每题 1 分，共计 15 分）

1. 线控底盘的底盘控制单元可以接收（　　）的指令，控制执行电机与驾驶员协同工作或者直接单独自动驾驶车辆。

A. 车身控制器　　B. 车身电脑

C. 整车控制器　　D. 底盘控制器

2. 电机控制器一般和（　　）集成为一体。

A. 驱动电机　　B. DC/DC 变换器

C. 整车控制模块　　D. 电池包

3.（　　）挡时，动力装置与车轮之间的动力传动处于断开状态。

A. P　　B. N　　C. D　　D. R

4. 在自动驾驶系统对车辆的操控过程中，线控驱动系统需要根据指令，在变道过程中时刻注意控制（　　），使车辆不会出现侧滑与失控。

A. 距离　　B. 车速　　C. 方向　　D. 位置

5.（　　）系统目前被广泛应用于中高级车型上。

A. 电动助力转向　　B. 液压助力转向

C. 电动液压助力转向　　D. 电控液压助力转向

6. 转矩传感器采用四线制接线，分别为（　　）、接地（GND）、信号输出 1、信号输出 2。

A. 电源正极（VCC）　　B. 接地

C. 信号电压　　D. 信号输出

7. 转向系统人工接管门限值应大于驾驶员正常驾驶时转动转向盘的扭矩值（一般为 3 N · m），建议将其设定为（　　）N · m。

A. 3　　B. 3.5　　C. 6　　D. 4

8. 制动助力控制器根据制动踏板位置（行程）传感器传输信号来判断制动踏板行程和制动紧急程度的变化，并为（　　）提供信号。

A. 整车控制器　　B. 车身控制器　　C. 仪表　　D. 制动灯

9. 制动系统设备排气时，将制动液储液罐加注至（　　）标记处。

A. 最大　　B. 最小　　C. 中间　　D. 三分之一

10. 横向加速度传感器向电控单元传送侧向的（　　）信息。

A. 加速度　　B. 离心趋势　　C. 偏转　　D. 以上选项都对

11. 触发 EPB 开关驻车功能时，会向制动卡钳控制电机施加一定的工作电压，初期电流升高，随着制动力的增加，电流（　　）。

A. 升高　　B. 降低　　C. 不变　　D. 与制动力无关

12. 线控制动自动驾驶系统是用于车辆自动驾驶过程中（　　）减速运动控制的底盘系统。

A. 纵向　　B. 横向　　C. 纵向和横向　　D. 斜向

13. 连续减振器内部充有液压油，油液通过小孔在内外两个腔室内流动，改变油液（　　）的大小即可改变阻尼值。

A. 流动阻力　　B. 流动速度

C. 流动方向　　D. 以上选项都对

14. 当车辆点火开关处于 ON 挡、车辆自检时，或悬架系统因故障进入应急模式时，悬架指示灯为（　　）状态。

A. 熄灭　　B. 常亮　　C. 闪烁　　D. 以上选项都不对

15. 理论上 CAN 总线可以连接无数个节点，但实际上受总线驱动能力的限制，在现有技术下每个 CAN 总线系统中最多可以连接（　　）个节点。

A. 100　　B. 110　　C. 200　　D. 210

三、判断题（每题 1 分，共计 15 分）

1. 线控系统可以被理解为“小型机器人”，它通过无线传输信号“听懂”驾驶员的操控命令或车辆发出的指令，智能地驱动执行部件完成相应动作。（　　）

2. 旋变传感器安装在高压驱动电机上。（　　）

3. 线控换挡系统通常由 N、D、R 三个挡位组成。（　　）

4. 自动驾驶系统决策层是一个集成信号处理算法与自动驾驶控制策略的计算平台。（　　）

5. 进行转向传动机构的紧固检查时，应将被检车辆用举升机升起，规范使用棘轮扳手检查各处紧固情况。（　　）

6. 转向盘转角传感器的测量值经过数据处理后通过 CAN 总线供给线控电动转向系统控制单元使用。（　　）

7. 全局规划基于高精地图，可以规划出多条连接起点和终点的道路。（　　）

8. 电动机械式制动助力器不依赖真空源，取代了传统汽车中的电子真空泵和制动助力器。（　　）

9. 安装电动机械式制动助力器时不需要对制动系统排气。（　　）

10. 通过减压或保压对车轮制动器分泵施加适当的压力时，常开阀和常闭阀均打开以维持车轮制动器分泵的制动压力。（　　）

11. 当需要车辆驻车但不触发自动驻车制动功能时，驾驶员可按住 EPB 开关同时关闭发动机。（　　）

12. 线控制动自动驾驶系统具有人工驾驶和半自动驾驶两种模式。（　　）

13. 点火开关关闭时，因乘客和行李减少，线控悬架系统会降低车身高度，以保持良好的驻车状态。（　　）

14. 驻车模式在某些车型中也被称为“轻松进入模式”或“载物模式”。（　　）

15. 各控制单元间的数据传输实际上发生在数据链路层。 （ ）

四、简答题（每题5分，共计30分）

1. 智能网联汽车通过线控技术实现了哪些全新的功能？

2. 简述霍尔式挡位传感器挡位识别的工作原理。

3. 简述助力转向系统的含义及分类。

4. 简述电动机械式制动助力器拆卸的主要步骤。

5. 简述自动驻车功能的原理。

6. 简述线控制动自动驾驶系统的应用场景。

五、综合题（每题 10 分，共计 20 分）

1. 补全各挡位典型的换挡条件。

切入挡位	当前挡位			
	P	R	N	D
P	—			
R		—		
N	制动		—	电源 ON/OK 挡
D				—

2. 根据提示步骤补全转向器安装的工作内容。

步骤	工作内容	示意图
检查新配件	对新配件的零件号和外观进行检查	—
安装外球节		

续表

步骤	工作内容	示意图
调整转向器输入轴		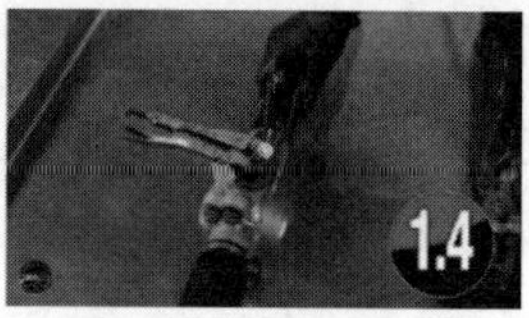
调整横拉杆长度		—
安装转向器		—
连接转向节臂		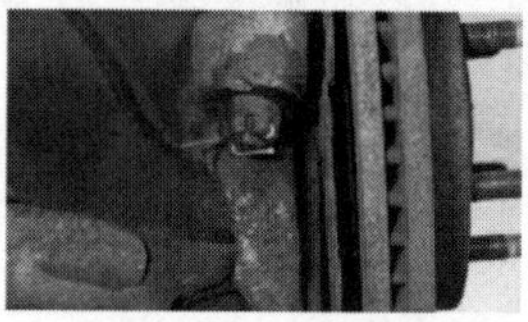
连接转向管柱		—
紧固与检查连接点		—
系统上电与初始化		—

综合试卷（二）

一、填空题（每空 0.5 分，共计 20 分）

1. 在输出方式上，线控加速踏板两路信号的输出电压的关系通常为：第______路信号电压是第______路信号电压的两倍左右。

2. 旋变传感器安装在____________上，用于检测高压电机转子的______________、____________和______________，并将相应信号传递给电机控制器模块。

3. ______________将驻车请求发送至整车控制器，整车控制器结合____________和____________对 P 挡切换条件进行检查。

4. 在 ADAS 或自动驾驶系统中，线控驱动系统用于完成车辆的匀速、加速行驶，主要具有____________、____________、____________和____________四类功能。

5. 当线控电动转向系统中与助力相关的系统因为故障完全失效时，线控电动转向系统的全套机械系统仍可以工作，以确保车辆始终有__________。

6. 车道保持辅助系统的工作过程分为视觉传感器信息采集、____________、车道线识别和____________四个阶段。

7. 线控制动系统蓄压器通过_________________直接与制动总泵相连，主要由________、________、排气阀和制动管路接口等组成。

8. 按顺序在每个制动分泵上排气，通常排气顺序为：__________制动分泵→__________制动分泵→__________制动分泵→__________制动分泵。

9. EPB 控制单元工作电路主要包括工作电源、接地、__________、信号输入和信号输出。

10. 线控制动自动驾驶系统由____________、_________________、整车控制器、____________、____________等组成。

11. 车身加速度传感器用于获取________和________的时间曲线，以使线控悬架系统对每种行驶状态进行最理想的________。

12. 空气悬架系统是利用__________作为__________的悬架系统，以________为介质，利用气体的________实现其弹性作用。

13. CAN 总线通信系统具有________________、________________、有柔性、________________、有错误通知和__________功能、__________节点等优点。

二、选择题（每题 1 分，共计 15 分）

1. 线控加速踏板两路信号均正常时，车辆加速依据第（　　）路信号执行。

A. 1 和 2　　B. 1 或 2　　C. 1　　D. 2

2.（　　）系统的特性决定了汽车最高车速、加速时间、最大爬坡度等动力性能指标。

A. 自动驾驶　　B. 动力蓄电池　　C. 驱动电机　　D. 线控转向

3. 霍尔式挡位传感器可以根据应用需求，输出线性模拟信号或者（　　）信号。

A. 电流　　B. 电压　　C. 霍尔式　　D. 脉冲宽度调制

4. 整车控制器程序中“0 开度”需要与踏板新部件（　　）状态下的电压相对应。

A. 满行程　　B. 半行程　　C. 空置　　D. 以上选项都不对

5. 线控电动转向系统是在传统汽车电动助力转向系统的基础上增加了由（　　）对转向系统的控制以完成车辆自主转向的新一代汽车转向系统。

A. 整车控制器（VCU）　　B. 电池管理器（BMS）

C. DC/DC 变换器　　D. 车载充电机（OBC）

6.（　　）传感器是用于测量驾驶员施加在转向盘上力矩的专用传感器。

A. 转矩　　B. 电机　　C. 液压　　D. 霍尔

7. IPA 是（　　）的英文缩写。

A. 防抱制动　　B. 电子驻车制动

C. 线控电动转向　　D. 智能泊车辅助

8.（　　）会判断仅通过电机进行制动是否够用，是否需要建立液压制动压力。

A. 驾驶辅助系统　　B. 整车控制器

C. 制动助力控制器　　D. ESP 控制器

9. 在制动系统密封性检查时，高压检查过程中在（　　）s 的检测期间压降不允许超过 400 kPa（100 kPa=1 bar）。

A. 15　　B. 20　　C. 30　　D. 45

10. 智能网联车型配套的霍尔式传感器为（　　）线制。

A. 二　　B. 三　　C. 四　　D. 以上选项都对

11. 电子驻车制动系统故障检修时，故障属于偶发情况，可以怀疑导线、插接器等可能出现了（　　）。

A. 损坏　　B. 虚接　　C. 短路　　D. 断路

12. 线控制动自动驾驶系统采用的是（　　）式制动系统。

A. 电控　　B. 线控　　C. 液压　　D. 气压

13. 车身一侧的传感器输出信号在空气悬架压缩时是增大的，在车身另一侧该输出信号是（　　）的。

A. 先增大后减小　　B. 先减小再增大

C. 减小　　D. 增大

14. 空气悬架系统是利用空气弹簧作为弹性元件的悬架系统，以气体为介质，利用气体的（　　）实现其弹性作用。

A. 热量　　B. 可压缩性　　C. 扩散性　　D. 稳定性

15. 数据域是报文中的主要数据信息，数据域的长度最长为（　　）个字节。

A. 8　　B. 12　　C. 24　　D. 64

三、判断题（每题 1 分，共计 15 分）

1. 电机控制器为线控加速踏板内部独立的两组感应部件供电和提供接地（搭铁），两组供电和接地端共用。（　　）

2. 标定电机偏移角时，确认车辆各种油液及电池包正常，使车辆置于 P 挡，并固定于举升机上，少许离地，整车上高压电，组合仪表显示“READY”。（　　）

3. 满足切换条件后，整车控制器向变速箱控制器（TCU）发送驻车指令，变速箱控

制器通过驻车电机驱动执行器锁止减速器。（ ）

4. 加速踏板人工接管是自动驾驶系统重要的安全设计。（ ）

5. 转向盘最大自由转动量是指转向轮在直线行驶位置时转向盘的最大空转角度。（ ）

6. 安装转向器时，不需要将转向横拉杆调整至维修前横拉杆的长度，只需之后根据底盘调整程序完成长度调节即可。（ ）

7. 线控转向系统拆装后，转向角度不需要进行零点标定。（ ）

8. 制动助力控制器可通过减小或增大制动助力，使制动踏板不发生位移。（ ）

9. 制动液较为安全，不具有腐蚀性，可以与油漆接触。（ ）

10. 横摆角速度传感器可向电控单元传送车辆的离心趋势。（ ）

11. 卡钳释放结束后，电子驻车制动模块切断对制动卡钳控制电机的供电，此时电压不变，电流为 0。（ ）

12. 驾驶员需要操纵车辆时，可以通过人工接管功能迅速将挡位切换至 N 挡，使线控系统退出自动驾驶模式。（ ）

13. 压缩机及其总成上的附件（如某车型的压力传感器、温度传感器等）一般可维修或单独更换。（ ）

14. 为保证安全，在验证故障时应保证场地宽阔，车辆前方和后方不得站人，当悬架使车辆离地间隙过小时，不得驾驶车辆。（ ）

15. 过载帧是指发送单元向总线上的其他单元报告自身发送能力达到极限，未做好发送下一帧数据准备的帧。（ ）

四、简答题（每题 5 分，共计 30 分）

1. 简述电机偏移角标定的操作步骤。

2. 简述线控驱动自动驾驶系统的检查步骤。

3. 简述转向器的标定步骤。

4. 什么是能量回收制动系统？

5. 转向盘转角传感器的故障原因有哪些？

6. 简述线控制动自动驾驶系统的检查内容。

五、综合题（每题 10 分，共计 20 分）

1. 根据下表中的故障指示灯符号，填写其所代表的故障。

序号	故障指示灯符号	故障指示灯说明
1		
2		
3		
4		
5	请检查换挡系统	

2. 参考下图，简述 CAN 总线网络的通信原理。

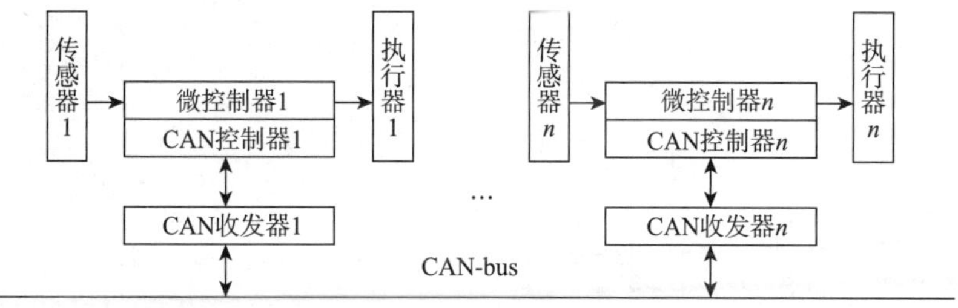